Você
EDUCA
de acordo com o que
ADORA

FILIPE FONTES

Você EDUCA de acordo com o que ADORA

Educação tem tudo a ver com religião

ACSI

Dados Internacionais de Catalogação na Publicação (CIP)
(Câmara Brasileira do Livro, SP, Brasil)

Fontes, Filipe
Você educa de acordo com o que adora : educação tem tudo a ver com religião / Filipe Fontes. -- 2. ed. -- São José dos Campos, SP : Editora Fiel, 2025.

ISBN 978-65-5723-408-2

1. Educação cristã 2. Família - Aspectos religiosos - Cristianismo 3. Filhos - Criação 4. Filhos - Vida religiosa I. Título.

25-269029 CDD-268.432

Índices para catálogo sistemático:

1. Filhos : Criação : Educação cristã : Cristianismo 268.432

Aline Graziele Benitez - Bibliotecária - CRB-1/3129

Você educa de acordo com o que adora: Educação tem tudo a ver com religião!

Por Filipe Fontes

1ª Edição em português: 2017
2ª Edição em português: 2025

Livro produzido em parceria com a Associação Internacional de Escolas Cristãs.

Os textos das referências bíblicas foram extraídos da Versão Almeida Revista e Atualizada, 2ª ed. (Sociedade Bíblica do Brasil), salvo indicação específica.

Diretor: Tiago J. Santos Filho
Editor-Chefe: Vinicius Musselman
Editora: Renata Cavalcanti
Coordenação Gráfica: Michelle Almeida
Revisão: Zípora D. V. de Lima
Diagramação: Rubner Durais
Capa: Rubner Durais
ISBN: 978-65-5723-408-2
ISBN e-book: 978-65-5723-409-9

FIEL Editora

Caixa Postal 1601
CEP: 12230-971
São José dos Campos, SP
PABX: (12) 3919-9999
www.editorafiel.com.br

SUMÁRIO

PREFÁCIO DA SEGUNDA EDIÇÃO (2025)

Na apresentação da primeira edição deste livro afirmei que muitos entendem, erroneamente, que a educação cristã é aquela que acontece no ambiente da igreja com propósitos puramente religiosos em distinção da educação secular, que seria aquela que acontece fora da esfera da igreja e com propósitos que não envolvem aspectos de fé. Em suma, pensam que educação cristã é o que acontece na Escola Dominical e que a educação secular acontece em outros tipos de escolas. Essa, porém, é uma péssima representação da realidade. O fato é que não existe educação neutra e, em última análise, toda educação, por mais secular que seja, representa aspectos de fé, que a começar pelo que motiva alguém a educar. Esse livro é para aqueles que ainda pensam que a educação secular é neutra e pode ser absolutamente laica.

Nesta nova edição, o conteúdo original foi preservado, mas foram acrescentados dois apêndices que enriquecem e aprofundam a reflexão proposta. O primeiro apresenta ecos da estrutura de Deuteronômio 6 no Novo Testamento, especialmente no Sermão do Monte, evidenciando a relação entre adoração, identidade e ação pedagógica. O segundo oferece exemplos práticos da abordagem transcendente nas diversas disciplinas escolares, auxiliando professores a aplicarem os princípios bíblicos em sala de aula de forma concreta e intencional.

O conteúdo desse livro é uma clara expressão do que a Associação Internacional de Escolas Cristãs (ACSI) tem como missão: promover uma educação acadêmica de excelência que influencie a sociedade com valores distintivamente bíblicos, por meio do fortalecimento de escolas e educadores cristãos. Nossa visão é ver escolas cristãs florescendo em toda nação, formando alunos preparados academicamente e comprometidos com Cristo em todas as esferas da vida. Ao propor esta publicação, a ACSI reafirma seu compromisso com uma educação enraizada na verdade da Palavra de Deus, que compreende a tarefa de ensinar como um chamado divino e uma expressão concreta de adoração.

Ao longo dos anos em que as milhares de cópias da primeira edição deste livro foram distribuídas, pude testemunhar a mudança na mente e no coração de centenas de pessoas que o leram, passando de uma compreensão equivocada do que seja educação cristã para um compromisso com os valores bíblicos da educação.

É com alegria que a ACSI Brasil, em parceria com a Editora Fiel, apresenta esta segunda edição. Que ela seja usada por Deus para desafiar e encorajar muitos educadores, pais e líderes cristãos a reconhecerem que não há ensino neutro — toda educação expressa uma adoração.

Mauro Meister

Diretor Executivo da ACSI Brasil

PREFÁCIO DA PRIMEIRA EDIÇÃO (2017)

Você educa de acordo com o que adora nasceu como uma palestra ministrada em encontros do núcleo Brasil da ACSI (Associação Internacional de Escolas Cristãs). Depois de três ministrações diferentes e alguns aprimoramentos, por incentivo do Dr. Mauro Fernando Meister, presidente da ACSI Brasil, ela foi transformada no texto que agora você tem em mãos.

Para manter a estrutura e a fluência originais, optei por apresentar o texto sem citações diretas. Obviamente, ele é original. Mas isso está longe de significar que cada uma de suas ideias também o sejam. Neste particular sou devedor de muita gente. O título é uma adaptação declarada do livro do Dr. Greg Beale, publicado pela Editora Vida Nova: *Você se torna aquilo que adora*. A proposta de redefinição do conceito de religião deve muito à apologética pressuposicionalista e ao movimento neocalvinista holandês, que conheci através do contato com os professores Davi Charles Gomes e Fabiano de Almeida Oliveira, respectivamente. Certamente, há significativas contribuições deles em minha apropriação e uso deste conceito. Se você quiser se aprofundar neste assunto, um tratamento mais detalhado pode ser encontrado no texto *Diagnosticando os sintomas de nosso tempo: Parte 1 — Um ensaio crítico sobre os ídolos da modernidade*, do professor Fabiano, publicado no volume 2, de 2011, da Revista Fides

Reformata. O argumento de que a história das religiões evidencia que a definição mais comum de religião na atualidade não corresponde aos fatos da realidade, eu devo a uma palestra do Pr. Guilherme de Carvalho sobre idolatria na modernidade, cujo título não consegui recuperar antes desta publicação. Já minhas percepções sobre Deuteronômio 6 — passagem bíblica usada para fundamentar a tese defendida no texto — foram refinadas em conversas com o professor Tarcízio José de Freitas Carvalho, que possui formação na área de Antigo Testamento e é meu colega no Centro de Pós-Graduação Andrew Jumper. A todos eles expresso minha gratidão, assumindo a responsabilidade por qualquer imprecisão no uso das ideias que lhes pertencem. Agradeço também ao amigo Wellington Castanha de Oliveira pela leitura do manuscrito e pelas sugestões, que tornaram o texto mais acessível e mais agradável.

Minha expectativa, ao tornar pública esta versão escrita da palestra, é auxiliar os educadores cristãos na compreensão da natureza fundamentalmente religiosa da educação. Acredito que essa compreensão pode, por um lado, ajudá-los a lidar com uma crítica comumente sofrida pelo engajamento no projeto de educação escolar cristã — a de tentar unir duas coisas que deveriam permanecer separadas: educação e religião. Por outro, estimulá-los, tanto a este engajamento quanto a uma vivência religiosa que impacte a sua atividade pedagógica. Esta última é minha expectativa maior. Se, de alguma forma, este texto ajudar pessoas a amarem a Deus, eu me darei por satisfeito!

INTRODUÇÃO

Há alguns anos tenho participado ativamente do projeto de educação escolar cristã no Brasil. Durante esse tempo, tenho visto este projeto crescer e atrair a simpatia de muitas pessoas. Mas também o tenho visto sofrer algumas críticas. Talvez a mais frequente seja a da tentativa de forçar a união de duas coisas que deveriam permanecer separadas: educação e religião.

A crítica, propriamente, não me causa incômodo. Mas dois fatores relacionados a ela, sim. O primeiro é que, não poucas vezes, ela é feita por cristãos, que deveriam estar conscientes de que a educação é, por natureza, um empreendimento religioso. Uma das crenças básicas do cristianismo é a de que o mundo e o homem foram criados por Deus (Gênesis 1.1, 26-28). E uma das implicações básicas dessa crença é a de que existe uma relação necessária, tanto entre Deus e o mundo (Salmo 19.1-7; Salmo 24.1-2; Hebreus1.3), quanto entre Deus e o homem (Gênesis 2.3; Romanos 1.18-32; Romanos 2.14-16). O homem e o mundo existem *coram Deo* [diante de Deus]. À luz desse pressuposto é inconcebível pensar que qualquer aspecto da vida e do mundo possa se desenvolver à parte de uma relação com Deus, ou seja, de forma não religiosa. O segundo fator é que ela costuma colocar dúvidas na mente de muitas pessoas e desestimular algumas das que estão engajadas no projeto. Os educadores não cristãos costumam se ver como pessoas que exercem a atividade pedagógica de modo neutro, pelo menos em relação à religião, e acusam os educadores cristãos de não manterem essa neutralidade desejável. Essa visão possui certo peso cultural, e leva muitos educadores cristãos a questionarem a validade do projeto de educação escolar cristã, e a sentirem-se desestimulados quanto ao engajamento nele, à medida em que são obrigados a justificá-lo constantemente.

Foram esses dois fatores que mais estimularam este texto. Ele é dirigido a interessados em educação em geral, mas principalmente, àqueles que se valem da crítica anteriormente mencionada contra o projeto de educação escolar cristã, e aos que estão engajados neste projeto. Seu objetivo é propor uma reflexão sobre a relação entre educação e religião. E sua expectativa é dupla. De um lado, esperamos que os críticos, principalmente os cristãos, encontrem uma oportunidade para criticarem a sua própria posição. Utilizamos o termo *crítica* aqui, em seu sentido original, que, ao contrário do uso atual mais comum, não é questionar um pensamento divergente, mas, principalmente, tomar consciência das condições [pressupostos] que possibilitam o nosso próprio pensamento. De outro lado, esperamos que aqueles que estão engajados no projeto de educação escolar cristã encontrem neste texto conforto epistêmico [teórico, racional] e estímulo para se manterem nele.

O texto foi estruturado em três partes. Na primeira, propomos uma crítica da crítica. Procuramos mostrar que a mais frequente crítica ao projeto de educação escolar cristã se fundamenta numa definição inadequada do conceito de religião. Na segunda, fundamentamos biblicamente a tese defendida na primeira parte: a de que a relação entre educação e religião não é facultativa, mas necessária. Na terceira e última parte, oferecemos dois exemplos práticos da relação necessária entre educação e religião.

Capítulo 1

A CRÍTICA DA CRÍTICA

Como afirmamos anteriormente, uma das críticas que o projeto de educação escolar cristã sofre, com frequência, é a de que ele procura unir duas coisas que deveriam permanecer separadas: educação e religião.

Algumas vezes, essa crítica é feita por pessoas que acreditam na possibilidade de uma educação neutra, ou seja, que é possível planejar e fazer educação sem qualquer influência de outras dimensões da vida humana, tais como a política, a economia, a cultura e a religião, por exemplo. Não pretendemos gastar muito tempo com essa postura. Ela é anacrônica e revela o quanto as discussões acadêmicas podem estar distantes da vida cotidiana. No cenário acadêmico atual, com boas razões, a possibilidade de uma educação neutra é, não apenas amplamente questionada, mas, de certa forma, ridicularizada até, quando descrita como postura ingênua.

Outras vezes, porém, a crítica é feita por pessoas que estão conscientes da impossibilidade de uma educação neutra. Os educadores mais "antenados" — aqueles que costumam acompanhar as últimas discussões acadêmicas — assumem facilmente que existe uma relação necessária entre a educação e várias dimensões da existência humana. Eles afirmam com facilidade, por exemplo, que existe uma relação necessária entre educação e cultura. Ninguém encontra resistência por afirmar que a cultura de uma determinada pessoa e de um grupo interfere no modo como estes educam. E nem por afirmar o contrário: que a educação é um instrumento de construção da cultura de uma pessoa ou grupo. Eles também afirmam com facilidade que existe uma relação necessária entre educação e política. É senso comum, no ambiente acadêmico atual, não apenas que os diferentes modelos de educação veiculam diferentes ideias políticas, mas também que a educação contribui para a formação da postura política das pessoas. Semelhantemente, esses educadores afirmam, sem grandes dificuldades, que existe uma relação necessária entre educação e economia. Discutem frequentemente o quanto a situação econômica dos indivíduos e, mais especificamente, as circunstâncias advindas desta situação interferem em seu aprendizado. Ao mesmo tempo, afirmam de maneira convicta que o desenvolvimento econômico é um dos resultados esperados da educação.

O curioso é que, apesar de afirmar com tanta facilidade que existe uma relação necessária entre educação e diferentes dimensões da vida humana, como a cultura, a política e a economia, por exemplo, no ambiente acadêmico contemporâneo, pouco ou nada se fala sobre a existência de uma relação necessária entre educação e religião. Na verdade, se a necessidade desta relação fosse afirmada, muitos educadores esbravejariam algo do tipo: *educação não tem nada a ver com religião!* Outros, embora não esbravejassem, fariam questão de se pronunciar, escanteando o assunto: *Isso é conversa para religioso!* E, talvez, a maioria se silenciasse, como quem ignora a relevância da discussão. O fato é que a necessidade da relação entre educação e religião é uma questão que costuma ser ignorada, quando não rejeitada.

Temos uma suspeita sobre a razão mais fundamental pela qual isso acontece. Para nós, essa rejeição — teórica ou prática — possui natureza ideológica e tem como finalidade última afastar o cristianismo da esfera pública; das discussões que impactam o projeto pedagógico contemporâneo. Comprovar essa suspeita é uma tarefa importante, mas nesse breve texto daremos apenas um primeiro passo. Queremos trabalhar com as razões mais imediatas e não com as razões mais profundas; lidar com o argumento e não com a motivação. A questão posta neste texto é: como os educadores, apesar de afirmarem a existência de uma relação necessária entre a educação e várias dimensões da vida humana, conseguem negar a existência de uma relação necessária entre educação e religião? Que artimanha teórica (consciente ou não) permite que isso aconteça? É o que veremos a seguir.

1.1 O CONCEITO DA RELIGIÃO

A razão pela qual, mesmo afirmando a existência de uma relação necessária entre a educação e várias dimensões da vida humana, os educadores em geral conseguem negar que exista uma relação necessária entre educação e religião é porque eles definem religião de maneira equivocada, ou, no mínimo, superficial. Esta não é uma exclusividade dos educadores. A maioria das pessoas, muitos de nós inclusive, define religião desta maneira.

Imagine que alguém fosse solicitado a definir um indivíduo religioso. Ele não encontraria resistência se o definisse como: alguém que crê na existência de um Deus pessoal que criou o universo e, então, procura se relacionar com esse Deus, por meio do conhecimento de um texto sagrado, de orações, da participação em determinados rituais, do convívio comunitário etc. Ou então, como alguém que crê na existência de um mundo espiritual habitado por espíritos desencarnados, e que o mundo físico é o ambiente no qual esses espíritos, temporariamente encarnados, pagam por seus próprios erros, aperfeiçoando-se gradativamente, e, portanto, envolve-se de corpo e alma com a prática de boas obras em serviços sociais. Ou, finalmente, como alguém que sustenta a existência de uma força superior impessoal — uma espécie de harmonia universal — da qual o homem participa pelo contato com determinados elementos da natureza, e, por isso, se dedica incansavelmente a conhecer e a organizar a sua vida em torno do eventual impacto de cada um desses elementos naturais.

Mas, se ele definisse o indivíduo religioso com a imagem de um professor universitário materialista, que sustenta que o conhecimento racional do mundo é o caminho definitivo para a experiência de valor e reconhecimento, e, por isso, dedica todo o seu tempo, recursos e energia no projeto de tornar-se culto; ou a de um indivíduo que entende que a segurança de um homem é derivada dos bens que possui, e, portanto, sente-se seguro quando visualiza os rendimentos de seus investimentos em seu extrato bancário, na tela do computador; possivelmente, ele encontraria resistência.

A razão pela qual as primeiras imagens tendem a ser mais facilmente aceitas como definição de um homem religioso do que as últimas é que elas se assemelham no critério que costumamos usar para definir religião: **o objeto com o qual o indivíduo estabelece uma relação.** Em geral, costumamos definir religião como a crença e a devoção a um objeto transcendente, ou seja, que está além da realidade concreta.

No entanto, quando consideramos o estudo das religiões enquanto manifestação social, aprendemos que, ao longo da história da humanidade, não apenas objetos transcendentes, mas também objetos imanentes — aqueles que são parte da realidade concreta — têm sido alvo de crença e devoção religiosas. Historicamente, muitos grupos humanos depositaram sua confiança e se devotaram a elementos da natureza, como os astros celestes, por exemplo: o sol, a lua e as estrelas, o que acontece ainda hoje em algumas tribos indígenas. Outros grupos humanos trataram determinados animais como objetos sagrados. Isso aconteceu no Egito Antigo, e, atualmente continua acontecendo em determinados ramos do hinduísmo. Finalmente, outros grupos humanos costumavam reconhecer alguns homens, ou funções particulares exercidas por eles, como dignos de confiança e devoção. Foi o que aconteceu na Roma Antiga, onde o imperador era adorado e servido como alguém que desfrutava da natureza divina.

O que esses exemplos mostram é que definir religião como uma relação com objetos exclusivamente transcendentes não é adequado. A religião é uma relação que, historicamente, tem envolvido qualquer objeto, seja ele transcendente ou imanente.

Como, então, é possível definir religião de modo mais adequado? Pelo **tipo de relação que o indivíduo estabelece com um determinado objeto, independente de qual seja.** O que há de comum entre todas as imagens de religião apresentadas no texto, até aqui, é que todas apresentam o homem em sua relação mais fundamental, sua relação com o absoluto. Religião é a relação de confiança e devoção estabelecida por um indivíduo ou grupo com um determinado objeto, da qual este indivíduo ou grupo esperam obter as respostas finais sobre: sentido, significado, valor, reconhecimento, prazer, segurança etc.

Retornemos à situação imaginária do início deste tópico. Quanto ao **objeto**, há diferença entre o indivíduo que crê na existência de um Deus pessoal e se devota a Ele, e um materialista que rejeita a existência de Deus e, por entender que valor e segurança são derivados do conhecimento racional, dedica-se inteiramente a esta experiência do mundo. O primeiro está envolvido numa relação com um objeto transcendente, enquanto o segundo está envolvido numa relação com um objeto imanente. No entanto, quanto ao **tipo de relação**, não há qualquer distinção entre eles. Tanto o primeiro, quanto o segundo creem e se devotam. O primeiro se devota a Deus, e faz isso porque crê que ele é a fonte de sentido, segurança e realização. O segundo se devota ao conhecimento, e faz isso porque crê que conhecer é o que lhe garante todas estas coisas. Da mesma forma, podemos dizer que a relação que um indivíduo tem com o dinheiro, quando experimenta segurança depois de consultar o alto rendimento de seus investimentos financeiros, quanto ao tipo, é semelhante à do homem que experimenta segurança depois de ter participado de uma reunião de oração. Eles têm objetos diferentes, mas ambos estão envolvidos em uma relação de natureza religiosa.

Se é verdade que esta é a definição mais adequada de religião — como os seus estudos acadêmicos enquanto fenômeno social parecem mostrar — também é verdade que a crítica mais frequente ao projeto de educação cristã é inadequada.

Pois, essa redefinição de religião possui, pelo menos, duas implicações: a primeira é que, a partir dela, a religião passa a ser vista não como uma experiência de algumas pessoas, mas como uma experiência comum a todos os seres humanos. A segunda é que, sendo ela compreendida como a relação da qual obtemos as respostas fundamentais da nossa existência, passa a ser vista como aquela que dirige a nossa experiência do mundo como um todo, incluindo o modo como fazemos educação. Em outras palavras: à luz dessa definição, a relação entre religião e educação não é uma relação facultativa, mas uma relação necessária. Consequentemente, o projeto de educação escolar cristã, longe de estar tentando unir duas coisas que deveriam permanecer separadas, está simplesmente reconhecendo que elas sempre estiveram juntas. Educação jamais se separa de religião.

Capítulo 2

EDUCAÇÃO E RELIGIÃO NA BÍBLIA

Deuteronômio 6 é uma passagem bíblica chave para os estudos de educação cristã. É quase impossível participar de um evento, ou ler um livro sobre o assunto, sem se esbarrar com esta passagem. Não é difícil entender o porquê. Ela ensina muita coisa sobre educação. Ensina muito sobre o que devemos fazer, sobre como devemos fazer, e sobre as motivações [porque] e as finalidades [para que] pelas quais devemos fazer o que fazemos nesta dimensão de nossa existência. No contexto do ensino sobre os dois últimos aspectos [as motivações e finalidades da educação], essa passagem bíblica trabalha com a relação entre educação e religião e ensina exatamente o que afirmamos no tópico anterior: que existe uma relação necessária entre esses dois aspectos da vida humana.

Em Deuteronômio 6, educação e religião relacionam-se numa via de mão dupla. Primeiramente, o texto ensina que **a educação influencia a religião.** Veja o que dizem os versos introdutórios da passagem:

> 1 Estes, pois, são os mandamentos, os estatutos e os juízos que mandou o SENHOR, teu Deus, *se te ensinassem*, para que os cumprisses na terra a que passas para a possuir;

> 2 *para que temas ao SENHOR, teu Deus,* e guardes todos
> os seus estatutos e mandamentos que eu te ordeno,
> *tu, e teu filho, e o filho de teu filho, todos os dias da tua vida;*
> *e que teus dias sejam prolongados.*
> 3 Ouve, pois, ó Israel, e atenta em os cumprires, para que
> bem te suceda, e muito te multipliques na terra que mana
> leite e mel, como te disse o SENHOR, Deus de teus pais.

As palavras registradas em Deuteronômio 6 seguem imediatamente à narrativa da entrega da lei por parte de Deus, ao povo de Israel, registrada no capítulo 5. Esses três versos introdutórios apresentam, mais especificamente, a tarefa que Moisés deveria realizar, tendo recebido os mandamentos da parte de Deus: **ENSINAR**. Deus havia entregado os mandamentos a Moisés (Deuteronômio 5.1-22) e agora determina que ele os ensine a todo o povo (v.1).

O mais significativo para nós, neste ponto, é a finalidade última pela qual, segundo Moisés, a tarefa deveria ser realizada: **para que temas ao SENHOR, teu Deus** (v.2). Como se pode perceber nessas palavras, o objetivo final de Deus, ao exigir que Moisés ensinasse ao povo os seus mandamentos, era o de que ele [o povo] fosse levado, pelo aprendizado e cumprimento deles, a temer ao Senhor, isto é, respeitá-lo de modo reverente e se devotar a ele. Fica claro, nesses versos introdutórios, principalmente na menção às gerações posteriores feita pelo v.2, que a manutenção da religião em Israel [o temor ao Senhor], ao longo de sua vida na terra prometida, de alguma forma, dependeria da educação [o ensino dos mandamentos].

Temos aqui um princípio importante: existe certa influência da educação sobre a religião. O modo como somos educados interfere no que cremos, na decisão sobre quem devemos temer e a quem devemos servir. É verdade que não é fácil medir exatamente o quanto nossa educação influencia nossa religião. Sabemos, por um lado, que essa via da relação não é de determinação absoluta. Todos nós conhecemos pessoas que, embora tenham sido submetidas por longo tempo a uma educação religiosa *X*, optaram pela vida religiosa *Y*. Isso mostra que a nossa direção religiosa é determinada por algo mais do que educação. Mas sabemos, por outro lado, que não há como ignorar o papel fundamental da educação em nossa direção religiosa. Se fizéssemos uma pesquisa, suspeito que encontraríamos mais pessoas que foram submetidas a uma educação religiosa X na vivência da religião X, do que pessoas que foram submetidas a uma educação religiosa X na vivência da religião Y. Suspeito também que, se procurássemos estudar o segundo grupo de pessoas, perguntando como pessoas que foram submetidas a uma educação religiosa X passaram à vivência da religião Y, certamente encontraríamos algum momento em que elas foram submetidas à educação Y, mesmo que não pela mesma quantidade de tempo em que estiveram submetidas ao tipo anterior de educação. A relação não é de determinação, mas não há como negar que ela existe: a educação influencia a religião. Isto é verdade para qualquer postura religiosa, do teísmo ao ateísmo.

Em segundo lugar, Deuteronômio 6 ensina que **a religião determina a educação.** É importante atentarmos para a mudança dos verbos. Quando falamos da via de relação anterior, utilizamos o verbo *influenciar*. Ao falarmos desta, optamos pelo verbo *determinar*. A mudança não é casual. É que acreditamos que, ao contrário do que acontece na primeira, nesta segunda via a relação é mais radical. Veja o que diz o restante da passagem:

> 4 Ouve, Israel, o SENHOR, nosso Deus, é o único SENHOR.
> 5 *Amarás, pois, o SENHOR, teu Deus,* de todo o teu coração, de toda a tua alma e de toda a tua força.
> 6 Estas palavras que, hoje, te ordeno *estarão no teu coração;*
> 7 tu as *inculcarás* a teus filhos, e delas *falarás* assentado em tua casa, e andando pelo caminho, e ao deitar-te, e ao levantar-te.
> 8 Também as *atarás* como sinal na tua mão, e te serão por frontal entre os olhos.
> 9 E as *escreverás* nos umbrais de tua casa e nas tuas portas.

Neste trecho, a passagem se volta da atividade pedagógica de Moisés para a atividade pedagógica do povo. O que estava implícito na menção às gerações posteriores (v.2) é explicitado agora nos versos 4 a 9, em termos imperativos.

Na maioria das vezes em que nos aproximamos destes versos, enfatizamos as exigências da segunda metade deles: inculcarás, falarás, atarás e escreverás (v.7-9). De fato, essas exigências são importantes e reveladoras. Elas sugerem lições preciosas, tais como: a existência de diferentes formas de aprendizado, a importância da repetição, o papel fundamental da aplicação do ensino, dentre outras. Mas, tão importantes quanto as exigências desses versos (7-9), são as feitas nos versos anteriores (5-6). Devemos olhar com maior cuidado para elas, pois relacionam as atividades pedagógicas mais práticas a outras atividades e circunstâncias que lhes são fundamentais. Ou seja: os versos 5 e 6 apresentam duas exigências, cujo atendimento é condição para a realização efetiva das atividades mais práticas.

A primeira dessas exigências fundamentais é: *Estas palavras que, hoje, te ordeno estarão no teu coração* (verso 6). Essa, que é imediatamente anterior às exigências mais práticas, sugere algo que todo educador está acostumado a ouvir: é necessário que aquele que ensina tenha, antes de tudo, se apropriado do que pretende ensinar. A condição para se ensinar algo é, antes, tê-lo aprendido. Há, contudo, algo muito significativo neste aprendizado mencionado na passagem: a dimensão da existência na qual ele deve acontecer — o coração. Quando consideramos o papel central do coração na antropologia do Antigo Testamento (Provérbios 4.23; 27.19), concluímos que o texto não se refere, meramente, a um aprendizado teórico-racional, mas a uma apropriação existencial que transforma o ser. Em outras palavras, para que o povo de Israel promovesse uma educação que estivesse de acordo com a vontade de Deus, antes o próprio povo deveria ser conformado a essa vontade. O que esta primeira exigência fundamental sugere é que existe uma relação necessária entre aquilo que ensinamos e quem nós somos.

A segunda exigência fundamental é: *Amarás, pois, o* SENHOR, *teu Deus, de todo o teu coração, de toda a tua alma* e *de toda a tua força* (v.5). Embora, na ordem de nossa argumentação, esta tenha sido apresentada como a segunda exigência, no texto ela é a primeira. Isto não acontece por acaso, mas porque ela, de fato, diz respeito à condição mais básica para a realização efetiva das atividades pedagógicas práticas. Para que o povo de Israel promovesse uma educação que estivesse de acordo com a vontade de Deus, antes de tudo, era necessário que ele confiasse no Senhor e se devotasse a ele. Esse é o verdadeiro sentido de amor na Bíblia Sagrada. O que essa segunda exigência fundamental sugere é que existe não apenas uma relação necessária entre aquilo que ensinamos e quem nós somos, mas também entre quem somos e a quem adoramos.

Essa segunda metade da passagem propõe uma estrutura básica para o funcionamento de nossa atividade pedagógica: ADORAR-SER-EDUCAR. O modo como ensinamos (v.7-9) é determinado por aquilo que somos (v.6), e o que somos, por aquele a quem adoramos (v.4-5). É, portanto, a religião, compreendida em seu sentido mais profundo, de relação com o absoluto (o verdadeiro, Deus; ou um falso, um ídolo), o fundamento de nossa maneira de ser, e consequentemente, de nossa maneira de educar. Os nossos projetos, interesses, motivações, conceitos e modelos, se definem, em última instância, por aquilo que amamos e com o qual nos comprometemos; seja ele o Deus da Bíblia, ou qualquer outra coisa que insistimos em colocar no lugar de Deus. Deuteronômio 6 ensina que *você educa de acordo com o que adora!*

Capítulo 3

DOIS EXEMPLOS PRÁTICOS

É bem possível que, ao ler as páginas anteriores, você já tenha se esforçado para pensar em exemplos práticos de como a religião determina a educação. Apesar disso, não poderíamos encerrar este texto sem oferecer, nós mesmos, pelo menos um ou dois exemplos. É o que pretendemos fazer a seguir, considerando duas dimensões diferentes da atividade educacional.

3.1 NA ABORDAGEM DO CONTEÚDO

Como vimos no primeiro tópico deste texto, embora a ideia de uma educação neutra seja academicamente questionada, na prática muitos educadores tratam-na como se fosse possível. E mesmo aqueles que, na esteira dos estudos acadêmicos, afirmam a impossibilidade da neutralidade, apesar de afirmarem com segurança que a educação é influenciada por pressupostos de natureza cultural, política e econômica, costumam negar que ela tenha uma direção religiosa. Podemos perceber isso na questão da abordagem de conteúdos. Grande parte dos educadores acreditam na existência de uma abordagem neutra. Outra parte rejeita essa possibilidade, mas nem por isso concorda que toda abordagem seja religiosa.

Seria menos estranho, se estivéssemos falando apenas de educadores não cristãos. Mas não é este o caso. Meu contato com educadores cristãos tem mostrado que a maioria deles acredita que, nesse particular, a relação entre educação e religião é possível, desejável até, mas não está consciente de que ela é necessária, inevitável. Uma evidência disso é que muitos educadores cristãos sugerem que a integração de conteúdos pela cosmovisão cristã é uma tarefa possível em determinadas disciplinas e conteúdos, mas impossível em outros. Eles concebem, com maior facilidade, a possibilidade de integração em disciplinas como História ou Filosofia. Mas costumam ser incrédulos quanto a esta possibilidade em disciplinas como Matemática, por exemplo.

Contudo, o que temos afirmado neste texto, sobre o caráter fundamentalmente religioso da educação, tem, basicamente, duas implicações para a questão da abordagem de conteúdos: a) toda abordagem é religiosa; b) a natureza religiosa de uma abordagem impacta quaisquer disciplinas ou conteúdos.

Em termos de direção religiosa podemos distinguir duas formas de abordagem de conteúdo. A primeira é a que poderíamos chamar de **abordagem imanente**. Trata-se da abordagem que concebe e apresenta os conteúdos como entes absolutos, que encerram em si mesmos o seu próprio significado. Logo, na maioria das vezes, não faz questão de estabelecer relações entre os conteúdos que estão sendo abordados e outros. Outras vezes, até procura estabelecer essas relações, mas encontra dificuldades pela falta de um eixo integrador. Afinal, que conteúdos podem exercer supremacia sobre outros e conduzi-los, quando todos são considerados absolutos? Quando consegue alguma integração, levando o aprendiz para além do significado de um conteúdo particular, o seu limite é a contemplação da complexidade do universo. A segunda é a que poderíamos chamar de **abordagem transcendente**. Trata-se da abordagem que concebe e apresenta os conteúdos como entes relativos, isto é, elementos particulares, cujo significado somente pode ser compreendido na relação com o todo maior e, sobretudo, com aquele que os trouxe à existência: Deus. Por isso, faz questão de estabelecer relações entre os conteúdos que estão sendo abordados e outros, promovendo com maior naturalidade o que chamamos de ensino integrado, e permitindo ao aprendiz a contemplação da complexidade do universo como meio através do qual aquele que o trouxe à existência pode ser conhecido. Essa abordagem é denominada transcendente, exatamente por sustentar que o conhecimento do mundo não é o fim, mas apenas o meio através do qual Deus é conhecido.

Alguém poderia perguntar: em termos práticos, que diferença faz adotar uma abordagem ou outra? A resposta é a seguinte: imediatamente, nenhuma. Para usar a Matemática como exemplo, o resultado de 1+1 é 2, independentemente da abordagem. Mas, num sentido mais amplo, há muita diferença. Quando um aluno pergunta a um professor a razão pela qual 1+1=2 e recebe uma resposta própria de uma abordagem imanente — "*porque é*" ou algo do tipo — ele é submetido a um conhecimento fragmentado e impessoal da realidade, que enfraquece a possibilidade de analogias e aplicações para outras áreas mais complexas e, por isso, mais significativas, da existência humana. Mas, quando um aluno faz a mesma pergunta a um professor, e recebe uma resposta típica de uma abordagem transcendente — "*que 1+1=2 porque vivemos em um universo ordenado, criado por um Deus pessoal*" — então ele é submetido a um conhecimento integrado e pessoal, que fortalece a possibilidade de analogias para outras áreas mais complexas e mais significativas da existência. O aluno sujeito à segunda abordagem terá muito mais facilidade do que o primeiro para perceber e afirmar a existência de normas objetivas em outras dimensões da vida, como a racionalidade (verdadeiro, falso) a estética (belo, feio) e a ética (bem, mal), por exemplo.

A maioria das pessoas definiria a segunda abordagem [transcendente] como religiosa. Mas, possivelmente, não diria o mesmo sobre a primeira [imanente]. À luz do que vimos, no entanto, a primeira abordagem é tão religiosa quanto a segunda. Esta última é típica de uma perspectiva cristã, que reconhece a existência de um Deus pessoal, com o qual o universo está relacionado. Aquela primeira é típica de uma perspectiva materialista, que nega a existência de Deus, ou de algo fora do universo ao qual ele está relacionado. Posturas teóricas como o materialismo, nada mais são do que máscaras da idolatria. Segundo a Bíblia, elas não são aceitas e legitimadas por serem mais racionais do que a verdade cristã, mas, em última instância, por possibilitarem um estilo de vida coerente com a rebeldia contra Deus. É o que o apóstolo Paulo afirma na carta aos Romanos, quando descreve a rejeição do conhecimento de Deus por parte dos ímpios: *eles detêm a* ***verdade pela injustiça*** (Romanos 1.18). A abordagem imanente, assim como a transcendente, é uma abordagem religiosa.

3.2 NAS RELAÇÕES INTERPESSOAIS NO AMBIENTE ESCOLAR

A religião impacta também os nossos relacionamentos. Há uma relação muito direta entre quem adoramos e o modo como nos relacionamos com as outras pessoas. Não foi à toa que Jesus resumiu a lei em dois grandes mandamentos — *amar a Deus sobre todas as coisas e ao próximo como a si mesmo*, e ordenou-os desta forma, colocando o primeiro como base para o segundo. Essa ordenação revela a existência de uma relação entre religião [amor a Deus] e nossos relacionamentos [amor ao próximo]. A relação é simples: nossa adoração determina o modo como funcionamos em nossos relacionamentos.

Um claro exemplo disso é encontrado na relação entre nossos primeiros pais: Adão e Eva. Antes da queda em pecado, quando o relacionamento com Deus estava intacto [Deus era o adorado], o relacionamento entre Adão e Eva se desenvolvia perfeitamente (Gênesis 2.18-25). Após a queda em pecado, quando passaram a adorar a si mesmos, o relacionamento deles foi corrompido (Gênesis 3.8-12). Este exemplo significativo mostra que, enquanto o homem adora a Deus, ele concebe o valor de seu semelhante e se dispõe a servi-lo. Mas, quando a adoração a Deus dá lugar à adoração de si mesmo e, consequentemente, de um ídolo [algo assumido como fonte de autossatisfação: sucesso, prazer ou dinheiro, por exemplo], então não há mais espaço para reconhecimento do valor do outro, nem para o serviço a ele. Pelo contrário, o outro torna-se objeto de nossa autossatisfação. Na narrativa da vida de nossos primeiros pais isto se vê no fato de que, após a queda, para proteger a sua própria imagem, Adão está disposto a sacrificar a de sua semelhante, Eva.

Pense na relação professor-aluno, e imagine duas professoras a quem é atribuído um aluno considerado difícil. Uma reage, dizendo: *Fulano na minha turma de novo! Aquilo não tem jeito! Acho que eu deveria ganhar o dobro esse ano para cuidar daquela coisa!* Outra diz: *Fulano na minha turma de novo! Não será fácil! Mas vamos em frente, Deus me chamou para isso, e com a graça dele poderemos fazer algum progresso.* A maioria das pessoas assumiria com facilidade que a segunda é uma atitude religiosa, mas teria dificuldade de afirmar a natureza religiosa da primeira. No entanto, ambas as reações são profundamente religiosas, diferenciando-se apenas quanto ao objeto de adoração. O deus da segunda reação é o Deus pessoal, que criou e estabeleceu propósito à existência [vocação], enquanto o da primeira parece ser, mais imediatamente, o dinheiro, a experiência dos bens materiais. Nossos relacionamentos interpessoais no ambiente escolar são determinados por nossa religião.

CONCLUSÃO

A crítica comumente feita ao projeto de educação escolar cristã, de que ele tenta unir duas coisas que deveriam permanecer separadas, somente se sustenta sobre uma definição inadequada do conceito de religião. Quando definimos de modo mais adequado o conceito, a relação entre educação e religião, antes vista como relação possível [desejável ou não], passa a ser vista como uma relação necessária. A consequência natural desta redefinição é a revisão do entendimento sobre o projeto. À luz de uma definição adequada de religião, o projeto de educação escolar cristã não é uma tentativa de unir duas coisas que deveriam permanecer separadas [educação e religião], mas o reconhecimento de que essas duas coisas sempre estiveram juntas.

Esta maneira de entender a relação entre educação e religião deve, primeiramente, levar os críticos do projeto de educação escolar cristã a reconsiderarem sua crítica. Afinal, ela os confronta com o fato de que seu projeto é tão religioso quanto o que eles criticam. Em segundo lugar, deve estimular os educadores cristãos a se engajarem sem qualquer receio no projeto de educação escolar cristã. Ela mostra que este projeto não lança mão de artifícios estranhos e incomuns ao labor pedagógico. Ele simplesmente faz de maneira declarada o que todos fazem, embora não declaradamente: *educa de acordo com o que adora!*

Apêndice 1

AÇÃO E RELIGIÃO NO NOVO TESTAMENTO

No segundo capítulo deste livro, mostramos como uma passagem do Antigo Testamento fundamenta a tese de que há uma relação necessária entre educação e religião. Neste apêndice, argumentamos que a lógica presente em Deuteronômio 6 (ADORAR-SER-EDUCAR) encontra ecos no Novo Testamento, por exemplo, no Sermão do Monte, registrado em Mateus 5-7. Como veremos, embora Jesus não mencione explicitamente a educação nesse sermão, a conexão entre adoração, identidade e atividade (o que inclui a prática educativa) está nitidamente presente em sua estrutura.

No Sermão do Monte, Jesus frequentemente utiliza raciocínio *dedutivo*. Um bom exemplo disso é encontrado em Mateus 6. O capítulo começa com a apresentação de um princípio geral – *guardai-vos de exercer a vossa justiça diante dos homens, com o fim de serdes vistos por eles; doutra sorte, não tereis galardão junto de vosso Pai Celeste* (Mateus 6.1) — e todo o restante consiste em aplicações a situações particulares: *quando, pois, deres esmola* (Mateus 6.2), e, *quando orardes* (Mateus 6.5), *quando jejuardes* (Mateus 6.16).

Movimento semelhante ocorre em Mateus 5.1-16, que é o trecho do sermão que nos interessa aqui. Esse trecho termina com uma declaração a respeito daquilo que devemos FAZER:

> 13 Vós sois o sal da terra; ora, se o sal vier a ser insípido, como lhe restaurar o sabor? Para nada mais presta senão para, lançado fora, ser pisado pelos homens. 14 Vós sois a luz do mundo. Não se pode esconder a cidade edificada sobre um monte; 15 nem se acende uma candeia para colocá-la debaixo do alqueire, mas no velador, e alumia a todos os que se encontram na casa. 16 Assim brilhe também a vossa luz diante dos homens, para que vejam as vossas boas obras e glorifiquem a vosso Pai que está nos céus. (Mateus 5.13-16)

Ainda que haja diferentes interpretações quanto aos detalhes das metáforas usadas por Jesus, há pouca dúvida quanto ao sentido dessa exortação: os cidadãos do Reino dos céus devem viver no reino terreno, de tal modo que este seja impactado por aquele. Novamente: isso é o que devemos FAZER.

Contudo, esse imperativo prático está fundamentado em duas condições prévias, à semelhança do que acontece em Deuteronômio 6. Observe, primeiramente, que esse requerimento é antecedido pelas *bem-aventuranças*, que nada mais são do que uma descrição da identidade do cidadão do Reino dos Céus. Embora Jesus apresente exigências quanto ao que devemos fazer, ele não começa com o que devemos fazer, mas com *quem somos*. Esse é um indicativo de que, na lógica de Jesus, como na lógica de Deuteronômio 6, fazer pressupõe SER. As nossas ações são determinadas pela nossa identidade.

Considere, depois, que, nas bem-aventuranças, a nossa identidade não é definida por nossa condição psicológica, preparo intelectual, classe social, condição econômica ou virtuosismo moral. Naquela descrição do cidadão do Reino, é a nossa relação Deus (adoração) o elemento determinante da nossa identidade. Duas coisas sugerem isso.

A primeira é que as bem-aventuranças possuem um pano de fundo relacional. Frequentemente, traduzimos *bem-aventurado* por *feliz*, mas a tradução mais apropriada é *abençoado* ou *bendito* — literalmente, aquele a respeito de quem boas coisas são ditas. Certamente, a relação que este pano de fundo tem em vista é a relação com Deus. O homem bem-aventurado é o homem a quem Deus abençoa ou bendiz.

A segunda é que as bem-aventuranças descrevem uma trajetória de conversão religiosa, da idolatria de si mesmo à adoração sacrificial. Ao contrário do que, eventualmente, se pode pensar, as *bem-aventuranças* não apresentam um conjunto de virtudes aleatórias, mas a imagem de um caminho sequencial. É uma espécie de escada, cujos degraus precisam ser subidos individualmente, um por um. Oportunamente, considere-os em sua totalidade. Agora, atente-se aos dois extremos: as *bem-aventuranças* começam com o reconhecimento da pobreza espiritual — algo que não era reconhecido antes, por isso esse é o ponto de partida — e termina com a disposição sacrificial de sofrer por Jesus. Foi este movimento que chamamos de conversão da idolatria de si mesmo para a adoração.

Dessa forma, vemos que, na lógica de Jesus, há, não apenas uma relação entre procedimento prático e identidade, mas também uma relação entre identidade e adoração, como acontece em Deuteronômio 6: o ser é consequência do ADORAR.

Apêndice 2

A ABORDAGEM TRANSCENDENTE E AS DISCIPLINAS ESCOLARES

No capítulo 3, afirmamos que existem, basicamente, duas formas de abordagem de conteúdos quanto à relação com a religião: a *abordagem imanente* e a *abordagem transcendente*. Na primeira, os conteúdos são concebidos e apresentados como entes absolutos, que encerram em si mesmos o seu significado e sentido, enquanto na segunda, eles são concebidos e apresentados como entes relacionados, cujo significado somente pode ser compreendido na relação de uns com os outros, e, sobretudo, com aquele que trouxe todas as coisas à existência: o Deus absoluto e pessoal das Escrituras Sagradas.

Quando apresentamos essa distinção, utilizamos um exemplo prático envolvendo a matemática, especificamente o princípio da adição, para ilustrar como essas abordagens se diferenciam. O propósito deste apêndice é ampliar esse esforço, oferecendo, de forma breve, uma descrição de como as duas abordagens se distinguem em relação aos conteúdos das diversas disciplinas escolares.

Nossa expectativa é que este material sirva como ponto de partida para que os professores reflitam sobre como o compromisso com a fé cristã pode influenciar e transformar a maneira como ensinam suas disciplinas.

O ENSINO DAS LÍNGUAS

Na abordagem imanente, a língua — seja materna, seja estrangeira — é geralmente concebida e apresentada como um sistema de signos originado casualmente e construído *ex nihilo* ao longo da história e das interações sociais. Consequentemente, ela é vista como um produto arbitrário da criatividade humana. O aprendizado da língua geralmente é estimulado pelo benefício individual que possui, estando este benefício relacionado à expressão pessoal ou à ascensão social e econômica. A literatura, que compõe o currículo de línguas, normalmente é explorada apenas em seus aspectos técnicos e culturais, sem maiores questionamentos quanto aos valores e cosmovisões que subjazem a ela.

Na abordagem transcendente, a língua é entendida como expressão da imagem de Deus no ser humano — uma dádiva divina que nos permite refletir aspectos do caráter de Deus, como a articulação da verdade e a vivência da comunhão interpessoal. Assim, mais do que um instrumento de expressão ou mobilidade social, o aprendizado da língua é valorizado porque proporciona melhores condições para conhecer a Deus — que escolheu se revelar linguisticamente — e para nos relacionarmos bem com Ele e com as demais pessoas ao nosso redor. A literatura, por sua vez, além de ser analisada em seus aspectos técnicos e culturais, é também considerada em termos de seu conteúdo existencial, como expressão da busca humana por sentido, verdade e significado.

O ENSINO DA MATEMÁTICA

Na abordagem imanente, a matemática é geralmente concebida como um sistema lógico autônomo, regido por regras internas e independentes de qualquer referência externa. Seu ensino tende a enfatizar a exatidão técnica e a aplicabilidade prática, especialmente em áreas como finanças, engenharia e estatística. Raramente se levantam questões sobre a origem das leis matemáticas ou sobre sua possível relação com uma ordem mais ampla existente na realidade.

Na abordagem transcendente, por sua vez, a matemática é compreendida como evidência do ordenamento presente na criação e como expressão da coerência e racionalidade do próprio ser divino. Por se tratar de uma ciência exata, é uma das disciplinas escolares menos vulneráveis a influências ideológicas. Sua precisão e objetividade a tornam um ponto de partida privilegiado para reflexões sobre a natureza normativa da realidade e sobre a existência de verdades absolutas, já que questionar a maior parte de suas proposições conduziria, inevitavelmente, ao absurdo.

O ENSINO DAS CIÊNCIAS

Na abordagem imanente, as ciências costumam ser tratadas como um empreendimento puramente empírico, desvinculado de qualquer dimensão pessoal ou relacional. O método científico é frequentemente apresentado como o único caminho confiável para o conhecimento, e a realidade é explicada exclusivamente como resultado de processos naturais e aleatórios. O universo e a vida humana são considerados produtos do acaso, desprovidos de propósito transcendente.

Na abordagem transcendente, por outro lado, as ciências são compreendidas como um meio legítimo de conhecimento da realidade, cuja ordem e previsibilidade decorrem do fato de ter sido criada por um Deus absoluto e pessoal. As leis físicas, químicas e biológicas não são vistas como entidades autônomas ou autoexistentes, mas como expressões da sabedoria divina, sustentadas continuamente por sua providência. A complexidade e a interdependência dos seres vivos também são percebidas como sinais da atividade criadora e mantenedora de Deus. Assim, o estudo das ciências é incentivado não apenas como instrumento para uma administração responsável do mundo, mas também como caminho de maravilhamento com o Criador.

O ENSINO DA HISTÓRIA

Na abordagem imanente, a história é geralmente compreendida e apresentada como palco exclusivo da ação humana. Quando abordada de forma objetiva, tende a ser explicada como resultado de forças econômicas, políticas ou culturais, mais ou menos previsíveis, sem qualquer orientação divina. Em outros casos, toda relação de causa e efeito é rejeitada, e a história passa a ser vista como um conjunto de narrativas construídas socialmente, com pouca ou nenhuma ligação com a realidade, moldadas por interesses e disputas de poder.

Na abordagem transcendente, por sua vez, a história é entendida como o desdobramento do plano de Deus e manifestação contínua de sua providência. O processo histórico, longe de ser aleatório ou sem direção, é concebido como um movimento normativo, no qual a realidade é conduzida à maturidade, mesmo em meio à imperfeição e à queda. O ensino da história, nesse contexto, busca ajudar os alunos a reconhecer essa normatividade e a identificar, ao longo das eras, os momentos em que os princípios do Reino de Deus foram acolhidos ou rejeitados pelas sociedades humanas.

O ENSINO DA GEOGRAFIA

Na abordagem imanente, a geografia costuma ser tratada como o estudo pragmático da relação entre o ser humano e o espaço geográfico, incluindo suas formas de organização cultural. A distribuição dos recursos naturais, a ocupação do território e as dinâmicas culturais são geralmente analisadas de maneira mecanicista ou historicista, sem qualquer referência ao Criador. Questões como meio ambiente e sustentabilidade também são abordadas com base em interesses práticos, sem um fundamento ético absoluto. A ocupação do espaço pelo homem é frequentemente apresentada como um problema, e sua ação sobre a natureza, como essencialmente predatória.

Na abordagem transcendente, a geografia não se limita à análise dos aspectos físicos e humanos da ocupação territorial, mas busca compreendê-los à luz da ordem divina expressa no mandato cultural. Nessa perspectiva, a ocupação do espaço e o uso dos recursos naturais são vistos como prerrogativas legítimas concedidas por Deus à humanidade. Essa visão não ignora os danos causados pela ação irresponsável do homem sobre o meio ambiente, mas entende tais distorções como fruto da idolatria e da ruptura espiritual. A solução, portanto, não está apenas em políticas de preservação ambiental, mas na transformação do coração humano e no reconhecimento de sua vocação como mordomo da criação de Deus.

O ENSINO DAS ARTES

Na abordagem imanente, as artes são geralmente concebidas e apresentadas como produto exclusivo da genialidade humana. Como resultado, tendem a ser vistas como expressões autônomas, individuais ou coletivas, que refletem determinados ideais e influências culturais, sem compromisso necessário com a verdade ou com a moralidade objetiva. O juízo estético é considerado subjetivo ou relativo, e o ensino das artes frequentemente enfatiza a experimentação ilimitada e a desconstrução de formas e padrões tradicionais.

Na abordagem transcendente, por outro lado, as artes são compreendidas como fruto da criatividade humana, que reflete a criatividade do próprio Deus. Elas não existem como fins em si mesmas, mas como meios pelos quais a beleza divina pode ser contemplada, e a realidade, percebida de forma mais rica e profunda. Nessa perspectiva, a beleza não é um ideal subjetivo, mas absoluto, vinculado ao caráter do Criador. Assim, além de incentivar a experimentação e promover o domínio técnico, o ensino transcendente das artes convida a uma análise crítica biblicamente orientada das influências culturais, intelectuais e morais presentes na produção artística.

***

Esses são apenas alguns exemplos de como as crenças religiosas influenciam a vida escolar, especialmente na forma como os conteúdos são abordados. Eles reforçam a principal tese que buscamos demonstrar ao longo deste livro: o ensino nunca está dissociado da adoração.

PERGUNTAS PARA REFLEXÃO E DISCUSSÃO

Esta seção foi preparada para ajudar leitores, grupos de estudo e educadores cristãos a aprofundarem sua compreensão sobre os temas abordados neste livro. As perguntas a seguir podem ser usadas para reflexão pessoal, debates ou treinamento de professores em escolas cristãs.

SOBRE A RELAÇÃO ENTRE EDUCAÇÃO E RELIGIÃO

1. Antes de ler este livro, como você compreendia a relação entre educação e religião? Sua visão mudou de alguma forma?
2. A ideia de *neutralidade pedagógica* é defendida em ambientes seculares. Como você responderia a alguém que afirma que a educação pode ser neutra em relação à religião?
3. Como a definição de religião apresentada neste livro amplia o nosso entendimento sobre a influência dos valores e pressupostos na educação?

SOBRE RELIGIÃO E ENSINO

1. Como a cosmovisão de um professor afeta a maneira como ele ensina? Você consegue identificar exemplos práticos em sua experiência educacional?

2. Em sua escola ou igreja, há consciência sobre como a cosmovisão cristã pode moldar o ensino? Como isso poderia ser fortalecido?
3. Quais são os desafios enfrentados por educadores cristãos ao ensinar a partir de uma cosmovisão bíblica em um mundo secularizado?
4. Como uma escola cristã pode garantir que seus currículos e metodologias realmente reflitam uma visão bíblica do mundo, em vez de apenas incorporar elementos cristãos de forma superficial?
5. Como pais cristãos podem fortalecer a relação entre a educação de seus filhos e sua fé em casa?

SOBRE RELIGIÃO E RELACIONAMENTOS

1. O livro destaca como nossa adoração molda nossos relacionamentos. Como isso se aplica ao ambiente escolar, especialmente nas relações entre professores, alunos e pais?
2. Em que aspectos a cultura de sua escola reflete uma visão cristã de mundo? Em quais aspectos ela pode estar mais alinhada com valores seculares?
3. Como a disciplina e o gerenciamento de conflitos dentro da escola refletem a cosmovisão predominante?

CHAMADO À AÇÃO

1. Se toda educação já reflete um sistema de adoração, como podemos ser mais intencionais em garantir que nossa educação exalte a Deus?
2. Depois de ler este livro, que mudanças práticas você gostaria de implementar em sua abordagem educacional?

RECOMENDAÇÃO DE LEITURAS

Para aqueles que desejam se aprofundar nos temas discutidos neste livro, esta seção apresenta uma seleção de obras que dialogam com os assuntos abordados nele. Algumas dessas obras tratam do conceito de religião. Outras lidam com educação cristã, de um modo geral. E outras, lidam com disciplinas escolares vistas em uma perspectiva cristã.

CLOUSER, R. A. **O mito da neutralidade religiosa: um ensaio sobre a crença religiosa e seu papel oculto no pensamento teórico.** Brasília: Monergismo, 2022, 496 p.

DOOYEWEERD, H. **Filosofia cristã e o sentido da história.** Brasília: Monergismo, 2020, 183 p.

FONTES, F. C. **Idolatria do coração: um inimigo ignorado.** São Paulo: Cultura Cristã, 2023, 99 p.

FONTES, F. C. **Educação em casa, na igreja e na escola: uma perspectiva cristã.** São Paulo: Cultura Cristã, 2019, 176 p.

MACCULLOUGH, M. et al. **A escola cristã e a cultura.** Coleção Fundamentos. São Paulo: ACSI, 2025. 120 p.

PERKS, S. C. **A filosofia da educação cristã explicada.** Brasília: Monergismo, 2024, 173 p.

PORTELA, S. **O que estão ensinando aos nossos filhos? Uma avaliação crítica da pedagogia contemporânea apresentando a resposta da educação escolar cristã.** São José dos Campos: Fiel, 2018, 302 p.

POYTHRESS, V. **Redimindo a ciência: uma abordagem teocêntrica.** Brasília: Monergismo, 2019, 486 p.

POYTHRESS, V. **Redimindo a filosofia: uma abordagem teocêntrica.** Brasília: Monergismo, 2019, 380 p.

POYTHRESS, V. **Redimindo a sociologia: uma abordagem teocêntrica.** Brasília: Monergismo, 2033, 398 p.

TRIPP, T. **Pastoreando o coração da criança.** 2ª ed. São José dos Campos: Fiel, 2017, 302 p.

TRIPP, T.; TRIPP, M. **Instruindo o coração da criança.** São José dos Campos: Fiel, 2022, 256 p.

ACSI®

STRONGER TOGETHER

Association of Christian Schools International

Associação Internacional de Escolas Cristãs

A ACSI (Associação Internacional de Escolas Cristãs) é a maior organização global dedicada ao fortalecimento da educação escolar cristã. Presente em mais de 115 países, atua para apoiar escolas na formação de alunos com excelência acadêmica e fundamento bíblico. No Brasil, a ACSI promove conexão entre escolas, capacitação de educadores, eventos e consultoria pedagógica, administrativa e jurídica. Seu compromisso é servir a comunidade educacional cristã para que, unida, forme gerações que amem a Deus, sirvam ao próximo e impactem o mundo para a glória de Cristo.

www.acsi.com.br | 11 94076-1329 | @acsi.brasil

LEIA TAMBÉM

SOLANO PORTELA
O QUE ESTÃO
ENSINANDO
AOS NOSSOS FILHOS?
Uma Avaliação Crítica
da Pedagogia Contemporânea
Apresentando a Resposta da
EDUCAÇÃO ESCOLAR CRISTÃ
Apresentação de AUGUSTUS NICODEMUS LOPES e prefácio de MAURO F. MEISTER
O QUE ESTÃO ENSINANDO AOS NOSSOS FILHOS?
SOLANO PORTELA

Esta obra foi composta em AJensonPro Regular 11,7, e impressa
na Promove Artes Gráficas sobre o papel Polen 70g/m²,
para Editora Fiel, em Maio de 2025.